LIÇÕES DE UMA
PERSONAL ORGANIZER

CORA FERNANDES

LIÇÕES DE UMA
PERSONAL ORGANIZER

ABRA ESPAÇO
PARA O QUE
REALMENTE
IMPORTA

LATITUDE°

© 2021 Cora Fernandes
© 2021 VR Editora S.A.

Latitude é o selo de aperfeiçoamento pessoal da VR Editora

DIREÇÃO EDITORIAL Marco Garcia
CONCEPÇÃO DE PROJETO e EDIÇÃO Marcia Alves
PREPARAÇÃO Frank de Oliveira
REVISÃO Laila Guilherme
PROJETO GRÁFICO DE MIOLO e CAPA Desenho Editorial
ILUSTRAÇÕES Pylypchuk

Dados Internacionais de Catalogação na Publicação (CIP)
(Câmara Brasileira do Livro, SP, Brasil)
___

Fernandes, Cora
Li ções de uma personal organizer : abra espaço
para o que realmente importa / Cora Fernandes. -- 1.
ed. -- Cotia, SP : Latitude, 2021.
ISBN 978-65-89275-10-7
1. Organização - Métodos I. Título.

21-71714   CDD-648.8
___

Índices para catálogo sistemático:
1. Personal organizer : Planejamento : Organização :
Economia doméstica 648.8
Aline Graziele Benitez - Bibliotecária - CRB-1/3129

Todos os direitos desta edição reservados à
VR EDITORA S.A.
Via das Magnólias, 327 - Sala 01 | Jardim Colibri
CEP 06713-270 | Cotia | SP
Tel.| Fax: (+55 11) 4702-9148
vreditoras.com.br | editoras@vreditoras.com.br

Dedico este livro às minhas clientes e aos meus seguidores, que, mais do que acharem meu trabalho importante, consomem e multiplicam o meu conteúdo e fazem questão de me mostrar o quanto a organização mudou suas vidas.

PREFÁCIO

Quem me apresentou a Cora foi a internet. Eu estava procurando uma *personal organizer* para uma *collab*, uma parceria com uma influenciadora digital, no meu canal no YouTube e, se eu me sentisse à vontade, faria finalmente uma organização geral na minha casa também.

Eu sabia que confiar todos meus armários e gavetas a alguém seria um processo que dependia de confiança e sintonia. E foi o que aconteceu. O dia em que a Cora entrou em casa eu me senti seguro. Eu sou um acumulador organizado e ela uma organizadora sincera e animada. Era tudo que eu precisava.

Cora ordenou toda a minha casa em uma semana. O método dela dá certo. E não só deixa a casa arrumada, mas também passamos a usá-la melhor. A organização é, sem duvida, um processo de autoconhecimento e dá um pouco de trabalho, sim. Amadurecer dá trabalho. Mudar a casa é olhar para dentro de si mesmo, se descobrir, mas garanto que conduzido pelas mãos da Cora foi divertido e produtivo ao mesmo tempo.

Aprendi com ela que organizar a casa vai além de olhar para tudo que eu tenho, desapegar, categorizar, otimizar minhas áreas de armazenagem e deixar tudo arrumadinho. Foi também aprender a usar minha casa de um jeito mais inteligente, prático e consciente. Inteligente, pois muitas vezes subaproveitamos os espaços que temos. Prático, porque a organização deve ser um processo pessoal e customizado para sua rotina. E consciente, pois deixa claro o que você realmente precisa ter para ser feliz.

No final daquela semana, tive a sensação de que havia feito uma mudança completa sem sair de casa. Meus pertences tinham encontrado finalmente seu lugar. Meu Deus, como tinha coisa guardada e no lugar errado!

Entendi que organizar tudo é viver sem aquela sensação de que você está devendo algo para sua casa.

Sem dúvida, essa foi uma das experiências mais transformadoras que vivi.

Apreciem este livro e a organização sem medo ou preguiça.

Eu recomendo, de coração.

MAURICIO ARRUDA
ARQUITETO, DESIGNER, APRESENTADOR DE TV E EMPRESÁRIO

SUMÁRIO

1. Apaixonada por organização desde pequena ... 13
2. Um trabalho de grande valor ... 25
3. Um trabalho minucioso ... 29
4. Um método inspirador ... 33
5. O descarte consciente ... 37
6. Abertura para mudança ... 45
7. Menos é sempre mais ... 53
8. Privilegiar o que dá alegria ... 59
9. Personal organizer: o facilitador ... 65
10. Tomar as rédeas da casa ... 69
11. Quando a casa não é sua ... 75
12. Noção de espaço *versus* volume ... 81
13. Organização é para todos ... 89
14. Separação por cor não é legal ... 93
15. Itens organizadores ... 97
16. Muito além das dobras corretas ... 101
17. Convivência durante a pandemia ... 105
18. Um *tour* pela casa ... 109
19. O seu quarto ... 117
20. A mala para viagem ... 127
21. Documentos ... 133

Conclusão: uma vida nova ... 141

Agradecimentos ... 143

CAPÍTULO 1

APAIXONADA POR ORGANIZAÇÃO DESDE PEQUENA

Nasci em 30 de setembro de 1987, na capital do estado de São Paulo, e fui criada em Carapicuíba, um município da Região Metropolitana de São Paulo, a 21 quilômetros da capital. Fui batizada como Cora Alice Fernandes de Souza. Vim ao mundo sob o signo de Libra, ascendente em Escorpião. O símbolo de Libra é a balança, que representa a busca por equilíbrio e neutralização de forças contrárias, e também a gentileza, a conciliação e o esforço para manter a paz.

Acredito que isso tudo, que forma o meu núcleo, me levou a ser o que sou – com muito orgulho e satisfação: uma *Personal Organizer*. Amo ir até a casa dos clientes e fazer o meu trabalho, mas confesso que ultimamente o meu maior prazer tem sido ensinar às pessoas como organizar suas casas, facilitando a rotina e promovendo melhora na sua qualidade de vida.

Como a minha avó e meus primos moravam em Piracicaba – município do interior paulista, a 157 quilômetros da capital –, passei toda a minha infância e adolescência entre essas duas cidades. E desde muito pequena sempre gostei de arrumar os espaços, embora ainda não tivesse ideia do que fosse a organização. Lembro que aos nove anos, quando ia à casa das amigas, eu deixava as brincadeiras de lado, preferindo dar um trato nos armários delas. Me sentia realizada quando conseguia deixar tudo em ordem, limpo e em seus lugares. Não sei bem como explicar, é como se eu tivesse nascido com esse dom.

Minha origem e história

Venho da classe trabalhadora. Meu pai é ourives e minha mãe, professora. Tenho três irmãos, e todos aprendemos com nossos pais que o trabalho é algo digno; então, já aos 16 anos, comecei o meu primeiro emprego em uma sorveteria. Depois atuei como operadora de *telemarketing*, vendedora de cartuchos para impressora em quiosque de *shopping*, recepcionista em loja de carros, auxiliar de departamento financeiro e não parei mais. Encarava de tudo para ter o meu próprio dinheirinho e comprar as coisas que queria.

Aos 18 anos, ao concluir o Ensino Médio, em uma das minhas temporadas em Piracicaba conheci Maxwell, um cara bonitão, trabalhador, dois anos mais velho, que abalou meu coração e iniciamos um namoro que acabou dando em casamento e em três filhos muito amados: Maria Cecília (que nasceu em março de 2010) e os gêmeos Melissa e Matteo (nascidos em novembro de 2012).

Maxwell é o meu amor, meu melhor amigo e grande companheiro. Quando o conheci, ele trabalhava em uma empresa de panfletagem da família. Assim que engravidei da Maria Cecília, a empresa do pai dele faliu, e ele foi contratado como instalador para uma operadora de internet, então aluguei uma casinha de um cômodo em um bairro distante da família dele, e ele vinha ficar comigo. Quando nossa filha nasceu, saí do hospital já para uma casa maior, próxima à da minha sogra, com três cômodos e problemas de infiltração – chovia dentro da cozinha e na sala; só não chovia no quarto. Eu não tinha ainda como comprar um armário. Por muitos anos, minhas roupas e as do Maxwell foram guardadas em malas e caixas, mas sempre organizadas da maneira que eu conseguia na época.

Logo após nossa primeira filha nascer, Maxwell foi chamado para trabalhar em uma empresa terceirizada que prestava serviço para a Caterpillar, uma multinacional norte-americana que fabrica máquinas, motores e veículos pesados, voltados principalmente para construção civil e mineração, onde permaneceu até 2018. Nessa época, eu fazia salgadinhos, acondicionava-os numa bolsa térmica e os vendia nos escritórios.

Quando Maria Cecília completou 7 meses, fui trabalhar em um supermercado, onde fiquei por três meses, e de lá fui trabalhar em uma esmalteria do *shopping*. Mas me sentia insatisfeita, eu queria mais na minha vida profissional.

Quando a minha filha completou 1 ano e meio, em junho de 2011, voltei a morar em São Paulo, onde achava que teria mais oportunidades. Me mudei com ela para Carapicuíba, próximo da minha mãe, e Maxwell continuou em Piracicaba, vindo a cada 15 dias passar o final de semana conosco. Fiquei pouco mais de um ano em São Paulo, e nesse período trabalhei como recepcionista em uma concessionária da Jac Motors, no bairro da Vila Olímpia. Mas quando engravidei dos gêmeos, aos sete meses de gestação, em busca de mais tranquilidade nos primeiros anos de criação dos filhos, voltei a morar no interior. Ou seja, meus três filhos nasceram em Piracicaba.

Driblando as dificuldades

Nessas idas e vindas entre Piracicaba e São Paulo, morei em várias casas, sempre tendo que lidar com muito aperto financeiro, pouco espaço e falta de mobília. Maria Cecília foi a primeira pessoa da família a ganhar um móvel – uma cômoda –, no qual eu organizava todas as coisinhas dela. Só fui ter meu primeiro guarda-roupa depois que nasceram os gêmeos, quando nos mudamos para uma casa maior, em Piracicaba, em caráter menos transitório. Eu sabia que lá eu conseguiria ter uma vida mais calma com os três filhos.

Época linda essa dos meus bebês se desenvolvendo, as primeiras falas, primeiros passos. Mesmo com toda a dificuldade envolvida, adoraria poder voltar no tempo para curtir esses momentos outra vez. Mas a sobrevivência se impunha, e assim que Matteo e Melissa completaram cinco meses, para colaborar na divisão das despesas da casa, eu deixava as crianças na creche e me virava: montei um estúdio de manicure e sobrancelha dentro da minha própria casa, mas a renda era pouca.

No começo de 2014, prestei vestibular e comecei a estudar Pedagogia, em Piracicaba mesmo. Cheguei a fazer estágio em uma creche, mas não estava conseguindo administrar casa, filhos e faculdade e acabei trancando a matrícula. E, sendo sincera, nunca me imaginei vivendo do magistério. No fim desse mesmo ano, fui trabalhar como auxiliar financeiro em outra concessionária, fui promovida a coordenadora de atendimento ao cliente e lá permaneci até o fim de 2016, porém nada satisfeita com o que fazia.

Um aplicativo que mudou a minha vida

Nos momentos de folga, no final de 2016, comecei a me distrair com o Instagram, vendo os *Snapchats* – aplicativo de mensagens com base de imagens – de alguns famosos. Foi quando uma colega da concessionária me perguntou: "Por que você não faz isso?". E me mostrou no

Instagram um *post* da atriz e *youtuber* Kéfera Buchmann, que se mostrava feliz depois que uma *Personal Organizer* deu um jeito em seu armário. Fuçando mais no aplicativo, vi outros famosos dando depoimentos emocionados sobre o mesmo assunto.

Fui para casa mexida, motivada, contei para o meu marido e ele descobriu um curso de *Personal Organizer* no Senac, em São Paulo, que aconteceria no final daquele mesmo ano. Eu não perderia aquela oportunidade por nada e resolvi tomar as rédeas da minha vida. Me inscrevi no curso, pedi para a empresa me demitir e, no dia marcado, dei um jeito de assistir às aulas. Não perdi uma só dica dos professores, e aquilo me abriu os horizontes. Foi a melhor coisa que fiz na vida!

Orientada por aqueles mestres, busquei me capacitar como empreendedora e me colocar de forma competitiva no mercado. Uma dica importante do curso foi pesquisar tudo o que existia a respeito do assunto, e eu me joguei nisso com alegria e persistência.

Em seguida, pedi a um amigo que me ajudasse a criar um logotipo, um cartão de visita e um texto de apresentação do meu trabalho. Treinei bastante na casa da minha mãe e de amigas. Eu precisava criar um portfólio que explicasse o que era o trabalho de PO e me aproximasse do público. Então aproveitei meu perfil ativo no Facebook – como qualquer pessoa tem – e lancei um sorteio oferecendo meu trabalho. Foram mais de mil inscritos, e a ganhadora foi uma enfermeira que me autorizou a fotografar todas as etapas da organização do seu armário. Foram dois dias de trabalho, e ela ficou bastante satisfeita com tudo.

Na sequência, descobri que o Facebook não era a ferramenta certa para eu me promover. Então me joguei no Instagram. Comecei a ver como era o roteiro das outras *personals* e passei a seguir alguns famosos. Fiz uma lista das personalidades com quem eu queria trabalhar, mandei por e-mail uma apresentação do meu trabalho para a assessoria delas e logo comecei a ter respostas. Joguei para o universo e, ao seu tempo, ele foi me atendendo. Lembro-me de um dia em que falei para o Maxwell que eu não sossegaria enquanto não atendesse a atriz e apresentadora Fernanda Souza, de quem sou muito fã. Essa era uma meta para que eu provasse a mim mesma o meu potencial.

Mas fui por partes. Comecei enviando mensagens para a lista de pessoas com quem eu queria trabalhar. Uma delas foi a atriz Sheron Menezzes, propondo parceria. Até que a sua assessora de imprensa me respondeu dizendo que Sheron estava interessada no meu trabalho. Depois de algumas conversações, embarquei para o Rio de Janeiro no feriado de Tiradentes, em abril de 2017, com Nice, uma vizinha que não entendia nada de organização mas se prontificou a me ajudar.

Eu ainda não tinha tido experiência com um *closet*, mas tudo correu às mil maravilhas. Foram dois dias intensos, das 9h da manhã à meia-noite, mas deu tudo certo! Em seguida, foi a vez de Aretha Oliveira, ex-Chiquititas, que mora em São Paulo, com quem fechei parceria depois de alguns contatos.

Encantada comigo, Aretha me convidou para assistir a um espetáculo de teatro, no qual ela faria uma participação, protagonizado pela Fernanda Souza. Por coincidência, nos encontramos as três no estacionamento, e Aretha me apresentou a ela, relatando o trabalho que eu havia feito em sua casa. E já no elevador, subindo para o teatro, Fernanda Souza me contratou. Era outubro de 2017, ela estava se mudando do Rio de Janeiro para São Paulo e a ajudei a organizar a nova casa. Consegui fazer um bom trabalho, mas as dificuldades de transporte eram imensas. Dirijo desde os meus 18 anos, mas nem sempre eu podia contar com o nosso carro para atender os clientes. Contudo, nunca me abalei por isso: eu viajava de trem, metrô, ônibus, o que fosse, carregando todo o meu material de trabalho, mas nunca deixei de fazer nada por conta desse detalhe.

Vendo toda essa minha dificuldade, Fernanda me incentivou a me mudar para mais perto. Sentei para conversar com Maxwell, e decidimos nos mudar para Cotia, a 34 quilômetros de São Paulo. Era março de 2018, meu marido se desligou da empresa e em um mês ele veio se juntar a nós.

Não foram poucos os períodos de dificuldades. Por mais que eu já fosse conhecida, estivesse toda hora dando entrevistas para programas de televisão, eu ainda não tinha segurança financeira. Tudo o que tinha para contar era com o apoio emocional do marido e da família. Havíamos comprado carro, melhoramos nosso padrão de vida, mas senti pela primeira vez que a época de final do ano é sempre fraca para o ramo dos POs, devido às férias escolares. Nesse período do ano, as pessoas estão mais pensando em viagem e férias. Num momento de maior agonia, cheguei a pensar em voltar a trabalhar com *telemarketing*, mas felizmente, com a chegada de 2019, tudo melhorou, e fui ficando cada vez mais conhecida.

Mesmo assim, continuei mandando as minhas apresentações para potenciais clientes, e aos poucos fui enriquecendo meu portfólio. Até que a atriz Fernanda Paes Leme, a apresentadora Vera Viel (esposa de Rodrigo Faro) e outros fecharam parcerias muito bacanas comigo.

Participação em *reality show*

Em agosto de 2019, fui convidada pela Nathalia Arcuri, jornalista e especialista em finanças, para participar do *reality show Me poupe!*, na TV Bandeirantes, como especialista em organização. O objetivo do programa era tirar as pessoas do vermelho, recuperar sua saúde financeira e abrir novos horizontes para elas. Foi uma exposição incrível, e isso ajudou bastante a divulgar a minha imagem e meu trabalho. E, mais recentemente, fui entrevistada pelo arquiteto e decorador Maurício Arruda em seu canal no Youtube, e apareci em matérias das revistas *Casa Vogue, Casa Vogue Experience* e *Caras*, bem como em outras publicações. Para mim, esse é um reconhecimento muito bom pelo meu trabalho.

Tudo foi acontecendo de forma rápida e inesperada, e eu não cabia em mim de felicidade. Tinha encontrado o que queria fazer na vida de verdade! E até hoje me surpreendo com o interesse crescente das pessoas sobre o assunto, mesmo das que não têm condições financeiras para pagar por um trabalho de uma *Personal Organizer*. Por essa razão, venho procurando cada vez mais ensinar que todo mundo pode (e deve) ter sua casa organizada, não só para facilitar a sua rotina, mas para poder desfrutar de um maior bem-estar.

Acho que o meu diferencial, além da praticidade, é a **sensibilidade**, que vim apurando com o tempo e me ajuda a criar uma sintonia com as pessoas para descobrir as suas necessidades, compreender o seu estilo de vida e ajudá-las no processo da organização de fato. Com o tempo, fui vendo que seria bobagem guardar para mim todos os macetes, e perdi o medo de compartilhar tudo o que sei usando redes sociais. Afinal, organização é item de primeira necessidade para todos, independentemente da posição social.

Não sou do tipo que chega à casa do cliente para a primeira visita técnica arrumada como se estivesse indo para uma festa. Seria falso, porque, na hora de iniciar o trabalho, preciso de roupas confortáveis para dar conta do recado. Muitas vezes, chego a passar 12, 14 horas trabalhando. E sinceramente penso que esse meu jeito mais pé no chão de atuar, bem natural e espontâneo, é o que mais vem atraindo as pessoas. Mais recentemente me joguei também no TikTok, uma rede social mais voltada para tendências, onde tenho cerca de 330k seguidores, e, somando todas as redes sociais, já tenho aproximadamente 460k seguidores, e esse número aumenta a cada dia.

Neste livro, proponho a você, leitor, embarcar comigo nesse *tour* pela sua casa para descobrir o que precisa ser melhorado para que você se sinta ainda melhor. Siga as minhas dicas que eu garanto: vai valer cada minuto!

CAPÍTULO 2

UM TRABALHO DE GRANDE VALOR

Quando me perguntam qual é a minha maior marca como *Personal Organizer*, digo sem sombra de dúvida que é a **praticidade.** De nada adianta seguir as regras mais conhecidas da atividade se elas não facilitam a vida da gente. Ao começar treinando nos armários da minha mãe, irmã e amigas, logo percebi a necessidade de atender às expectativas delas, muitas vezes de forma bem diferente do que eu faria em minha própria casa. E fui criando essa sensibilidade para entender o que de fato elas queriam e precisavam, mesmo que isso não fosse dito com palavras.

Por isso tenho orgulho em dizer: organização virou a minha profissão, o meu ganha-pão, a atividade que me faz feliz todos os dias e com a qual venho obtendo cada vez mais reconhecimento. Não é um bico, não é um *hobby*; é o que me sustenta, o que dá sentido à minha vida profissional, alimenta meus projetos de abundância e prosperidade capazes de mudar a minha vida e a da minha família.

Não é fácil harmonizar a necessidade com a estética, e por isso é fundamental que eu entenda como cada casa funciona, com todos os seus habitantes e diferenciais. E haja sensibilidade para isso! Essa sintonia fina é algo que vim aprimorando e, em síntese, o que diferencia um bom trabalho de organização de uma limpeza ou arrumação.

Com o tempo, começaram a me aparecer clientes moradores de espaços grandes e muita coisa para ser feita. A limpeza é feita pela empregada doméstica, mas passei a contar com uma equipe auxiliar para aumentar a eficiência do serviço e diminuir o tempo da organização como um todo. Ao iniciar um trabalho, muitas vezes percebo que é preciso reparar, adaptar ou dedetizar um ou mais móveis, por exemplo. Na separação das peças que vão permanecer na casa, aparecem roupas que precisam ser ajustadas, reformadas ou mesmo lavadas. Se for preciso fazer alguma alteração simples no armário, tipo tirar ou acrescentar uma prateleira, trocar o varão etc., eu mesma providencio essa mudança, comprando peças nas lojas especializadas.

Muita gente me pergunta se existe uma precificação do meu trabalho. Não! Não há uma tabela de preços na organização. É como o trabalho de um cirurgião plástico: ele tem que ver o todo para saber no que vai precisar mexer. O trabalho do PO se baseia em espaço e volume, e promove o conforto no dia a dia de cada pessoa. Há quem queira compará-lo com o trabalho de uma diarista, mas, como eu disse anteriormente, o trabalho de PO vai além – muito além – de uma limpeza ou organização.

A profissão envolve sigilo e cumplicidade, porque entro muito na intimidade dos clientes, na sua história de vida e nas suas recordações, e tenho acesso a coisas que às vezes nem a esposa nem o marido têm conhecimento (documentos, cartas, dinheiro, objetos de valor etc.). Minha postura precisa ser a mais neutra possível, sem julgamento de qualquer espécie, para que o cliente se sinta confortável comigo. O que acontece no transcorrer de cada trabalho morre ali, embora a maior parte dos clientes acabe se tornando meu amigo. Por isso, os nomes citados para ilustrar alguns casos no decorrer do livro são fictícios, para que nenhum deles se sinta invadido. Uma questão de puro respeito.

CAPÍTULO 3

UM TRABALHO MINUCIOSO

Um bom *Personal Organizer* não é apenas alguém que vai ajudar a descartar coisas. Muitas clientes se assustam com o tanto de detalhes nos quais eu penso e que elas jamais levaram em consideração antes, e ficam felizes com o resultado. No meu trabalho, procuro categorizar e separar as coisas de forma que fiquem acessíveis e bem identificadas na hora em que a pessoa for precisar, por exemplo: moda praia, documentos, remédios, material escolar, artigos de papelaria e por aí afora. Findo o trabalho, o cliente fica com a impressão de que entreguei mais do que o esperado, quando, na realidade, é essa a minha verdadeira função.

> Clarice estava vindo do Nordeste para trabalhar e morar em São Paulo com um filho pequeno, mas com uma mudança totalmente mal planejada, com as

coisas todas misturadas, sem critério algum, e me contratou para organizar o seu apartamento. Assim que cheguei, ela deixou claro que tinha pressa e só queria que tirasse as coisas da sua frente e enfiasse tudo nos armários. Ela tinha sido transferida para São Paulo pela corporação em que trabalhava, estava hospedada num *flat* até que o novo apartamento ficasse pronto, e tinha pressa em se mudar.

Só que essa cliente não estava nada disposta a pensar junto comigo o lugar onde iríamos guardar cada coisa visando ao seu conforto, e o tempo todo se mostrou sem paciência para esperar o processo, e tudo o que queria era tirar aquelas caixas da mudança da sua frente. Clarice estava estressada com a mudança para uma cidade nova, desconhecida, precisando escolher escola para o filho, e não percebeu que a organização iria ajudá-la bastante nessa adaptação. Tudo o que ela queria era sair do *flat*, ir para o apartamento e poder começar a trabalhar.

Então ela e a secretária recém-contratada me atropelaram, entulhando tudo nos armários, e imagino como os primeiros tempos ali foram complicados para ela.

> Clarice não entendeu o espírito e a importância da organização. Foi um trabalho do qual acabei abrindo mão, mas não me arrependi disso em momento algum.

CAPÍTULO 4

UM MÉTODO INSPIRADOR

A facilidade em encontrar o que se procura está relacionada com menos estresse e com gastos desnecessários. Organização é um modo de viver e de respeitar a si próprio e aos outros. E tem tudo a ver com a **Metodologia 5S,** surgida no Japão após a Segunda Guerra Mundial, época em que faltava de tudo, e por essa razão foi preciso realizar o melhor aproveitamento dos recursos disponíveis, pois não existia espaço para perdas ou erros.

A Metodologia 5S surgiu para incrementar a produtividade, a qualidade e a eliminação dos desperdícios no dia a dia das indústrias, e logo se espalhou por empresas de diferentes segmentos e portes. Tem como foco uma produção que deve ocorrer de maneira fluida, com menor índice de falhas e menos desperdício de recursos e mão de obra, antecedido por um intensivo treinamento de equipe.

Tem esse nome porque cada "S" representa uma palavra da língua japonesa:

SEIRI *senso de utilização:* consiste em distinguir o que é útil daquilo que pode ser excluído. Visa a uma limpeza do ambiente, deixando tudo o que é usado frequentemente bem à mão e eliminando o que não está sendo usado.

SEITON *senso de organização:* depois de encontrar os materiais que não são necessários às atividades do dia a dia, é fundamental organizar o local.

SEISO *senso de limpeza:* diretamente associado ao bem-estar e à higiene do ambiente. Espaços higienizados e limpos geram sensação de conforto.

SEIKETSU *senso de padronização:* criação de um padrão com regras claras para todos que frequentam aquele ambiente. Só assim, com as normas bem oficializadas, todos poderão respeitar e manter as regras estabelecidas.

SHITSUKE *senso de autodisciplina:* esse senso é o que incentiva a responsabilidade entre os funcionários. Cada um deve saber as suas obrigações, sem que necessite de alguém para acompanhar e gerenciar o processo.

A autodisciplina permite a integração entre as pessoas, a confiança entre seus membros e aumenta a responsabilidade de cada um.

A Metodologia 5S vem sendo cada vez mais usada nas corporações, desde os anos 1940, e faz todo o sentido adaptá-la para o lugar em que vivemos, porque, afinal, os valores de organização, economia e respeito para com o outro devem ser os mesmos.

Esse é o verdadeiro espírito do meu trabalho. E por isso não me arrependo de ter aberto mão de serviços como o de uma senhora do interior, dona de uma pequena indústria e cheia de posses, que me chamou depois de participar de um *workshop* comigo. Combinamos de nos encontrar no seu escritório, e de lá fomos a pé até a sua casa para eu avaliar o trabalho e combinar os detalhes com ela. No caminho, ela começou a pechinchar o meu preço, dizendo que conhecia uma pessoa que poderia fazer o mesmo pela metade. Ou seja, ela não compreendeu a extensão do que eu propunha fazer, e me senti até um pouco ofendida. Expliquei o meu desapontamento, nos despedimos educadamente e nunca mais conversei com essa senhora. É o tipo de cliente que não me interessa, pois o que precisa ficar claro é que cada profissional tem o seu valor.

CAPÍTULO 5

O DESCARTE CONSCIENTE

O tema **Organização** passou a ser conhecido mundialmente depois que Marie Kondo, uma estudante de sociologia japonesa aficionada pelo assunto, se mudou para São Francisco, nos Estados Unidos, e decolou na carreira ao lançar seu Método KonMari, parcialmente inspirado pela religião xintoísta, em vídeos e livros, o que a tornou conhecida mundialmente. Seu método consiste em reunir todos os seus pertences, uma categoria de cada vez, e manter apenas as coisas que possam "despertar alegria", escolhendo um lugar adequado para os itens mantidos.

Respeito muito a Mari Kondo, aprendi bastante com ela, mas, diferentemente dela, desenvolvi um método mais voltado para o jeito de ser do brasileiro, que não tem esse caráter cerimonioso, tampouco traz essa busca pelo *zen*, mas que tem mais a ver com praticidade. Assim, dentro de uma casa, não importa o tamanho, cada coisa tem que ter o seu endereço, e de uma maneira lógica para facilitar o acesso de todos que ali habitam. Mas antes é preciso ver a real necessidade de cada item. **Tudo o que não é usado não precisa ser guardado.** Assim, com o correto descarte, eliminamos tudo o que atravanca a nossa vida e abrimos espaço para novas experiências, novas vivências.

Por isso, meu método funciona na seguinte ordem:

1. **Entrevista com o cliente** para conhecê-lo melhor, compreender como é o seu dia a dia, as suas necessidades e a dinâmica da casa.
2. **Visualização do(s) espaço(s)** que ele se propõe a organizar.
3. **Separação de todos os itens por categoria:** documentos, roupas, peças de cama, mesa e banho, coisas do marido, coisas da esposa, dos filhos (e de outras pessoas ou pets que morem na casa), e assim por diante.
4. **Subcategorias:** cada uma dessas categorias é, em seguida, subdividida. Por exemplo, roupas de manga curta, de manga longa, malhas, brinquedos grandes, brinquedos pequenos etc.
5. **Análise dos itens, peça a peça,** com o objetivo de deixar cada item com os seus pares.
6. **Disposição em pilhas da seguinte forma:** a) o que é para ser organizado e guardado; b) o que precisa de reparos (lavagem, costura, tingi-

mento etc.); c) itens para doação; d) o que é para descarte (o que deve ir para o lixo mesmo).

7. **Descarte consciente de tudo o que é velho** ou não precisa mais ser guardado, com o objetivo de liberar espaço e deixar acessível o que é mais importante.

8. **Organização do(s) espaço(s) propriamente dito(s).**

O descarte consciente acaba sendo a etapa mais difícil para a maioria das pessoas, que não percebem o quanto guardam coisas desnecessárias, e o quanto isso só serve para criar pó e até atrair bichos. O que mais comumente encontro:

a) mães que guardam brinquedos e roupas dos filhos vida afora, desde que eles eram bebês;

b) mulheres que guardam roupas de quando eram mais magras, esperando um dia caber de novo naquele figurino (até como lembrança);

c) pessoas que engordaram ou emagreceram, guardando as roupas antigas que não servem mais, sempre esperando uma oportunidade de ajustá-las ou reformá-las (o que, muitas vezes, acaba sendo mais caro do que comprar peças novas);

d) os que dividem as roupas entre as "para sair" e as "para ficar em casa" (velhas, furadas, rasgadas, manchadas), o que acaba entulhando o guarda-roupa, a cômoda e as gavetas, e ainda faz com que precisem trocar de roupa toda vez que precisarem sair;

e) pessoas que guardam recibos por décadas (contas de água, luz, gás etc.), sem atentar que os tempos mudaram e que isso não é mais necessário, uma vez que hoje existe uma lei que obriga todas as empresas fornecedoras a enviarem uma quitação anual de débitos para os clientes;

f) os que guardam documentos distribuídos em lugares diferentes da casa, e, quando adoecem – ou morrem –, ninguém consegue encontrar nada, porque não há lógica alguma naquela organização;

g) pessoas que têm o hábito de colecionar coisas diversas. Em muitos casos, os clientes guardam diferentes objetos sem nem mesmo saber o porquê.

Esses são apenas alguns exemplos de quanto as pessoas têm a tendência de acumular coisas, roupas, objetos, papéis, sem perceber que aquilo tudo as está prendendo ao passado e impedindo de construir novas memórias e viver novas experiências. Mais para a frente, neste livro, vamos ver cada um desses itens.

Ainda pior que guardar coisas demais em casa, tem gente que acumula coisas na casa dos pais ou parentes, sem se dar conta de que está invadindo e atravancando o espaço alheio.

> Bárbara tem 37 anos e é artista. Quando percebeu que tinha coisas demais guardadas na casa da mãe, ela me chamou para orientá-la no descarte. Chegando ao local, vi que se tratava de um quarto utilizado meio como escritório, meio como depósito de lembranças de espetáculos em que ela atuou na época da adolescência, e ele estava bastante entulhado. Sua mãe reclamava que havia tanta coisa que até dificultava a limpeza do cômodo. Esse trabalho não foi fácil. Passamos juntas dois dias inteiros, mas no final o resultado foi incrível, pois ela resolveu guardar apenas os itens mais importantes de todo aquele período glorioso, mas que havia passado. Hoje ela tem espaço para guardar novas lembranças, novos sucessos.

É bom guardar objetos e fotos que registrem momentos especiais, pois há muita coisa envolvida nessas lembranças. No entanto, é importante que sejam guardadas de forma organizada.

Você já se perguntou quanta coisa desnecessária vem carregando consigo durante a vida?

_____
_____
_____
_____
_____
_____
_____

Já parou para pensar como seria sua vida sem essas coisas?

_____
_____
_____
_____
_____
_____
_____

Elas fariam muita falta? Por quê?

_____
_____
_____
_____
_____
_____
_____

CAPÍTULO 6

ABERTURA PARA MUDANÇA

Tem gente que está sempre em busca de espaços maiores para viver, de forma a comportar tudo o que adquire, mais e mais, num processo contínuo e até, muitas vezes, inconsciente. Esse raciocínio está completamente errado. Não é uma casa com um cômodo a mais, ou com mais armários, que vai fazer a pessoa mais feliz. Na realidade, podemos ser felizes no lugar onde moramos, e talvez a forma correta de pensar seja a seguinte:

Não vou me mudar daqui para favorecer os objetos. Eles têm que me servir, e não o contrário.

Idosos, em geral, sabem que precisam de mais espaço para se locomover com segurança dentro de casa, gostam de tudo organizado, porém são os que mais relutam em se desvencilhar do que não serve mais, muitas vezes coisas insignificantes. Para eles é difícil abrir mão de coisas às quais estão acostumados e de hábitos antigos. Muitos se apegam às lembranças que determinados objetos lhes trazem, enquanto poderiam estar criando espaço para o novo, para uma nova maneira de morar e de viver.

As pessoas tendem a juntar coisas sem o menor sentido. Tive uma cliente, por exemplo, que usava ao mesmo tempo várias escovas de dente iguais, de cores diferentes. Quando perguntei por que ela agia assim, ela respondeu que era simplesmente porque gostava. Consegui convencê-la a jogar algumas daquelas escovas fora, para criar o espaço de que ela precisava.

> Marlene, faxineira de 29 anos, moradora de um bairro periférico, sonhava em organizar melhor a casinha de dois quartos, sala e cozinha que dividia com o marido. Ela ganhava bem, podia comprar tudo o que queria, mas foi entulhando tanto a sua casa que me contratou para organizar o espaço.
>
> Eu era o seu grande sonho! Mas logo ao chegar descobri que ela havia recentemente trocado a antiga cama por uma box baú tamanho queen, só para poder guardar todos os sapatos que tinha (sem uso e ainda com etiqueta).

Na verdade, Marlene fazia tantas compras que não tinha mais noção de tudo que possuía. A gaveta da sua cômoda era repleta de itens de maquiagem. No armário, dezenas de bolsas, todas de grife. No processo de organização, como ela dispunha de pouco espaço, tentei argumentar sobre a razão de guardar tantas coisas que nem tinha tempo de usar:

- *Para que tantos sapatos guardados de um jeito que nem consegue ver?*
- *Você tem realmente tempo para usar todos?*
- *Você precisa mesmo de tantas bolsas de grife que não usa?*
- *Quanto você acha que tem investido aqui?*
- *Não seria melhor, em vez de comprar novos calçados, poupar um pouco todo mês para fazer uma bela viagem nas próximas férias?*

Marlene, é claro, tomou um susto... e um choque de realidade! Ela ficou feliz com o resultado, acabamos nos tornando amigas e recentemente fiquei sabendo que ela comprou as passagens para uma viagem a Buenos Aires, tudo planejado de modo que estará pago bem antes da data de embarcar. Seu sonho era conhecer a Argentina no inverno.

Para ela funcionou a sugestão de viagem. Porém, para outros clientes, sugiro gastar com aquele curso tão sonhado de capacitação para que possam mudar seu rumo profissional. Ou então que invistam em uma programação de ginástica supervisionada para cuidarem da saúde. Ou que adquiram ingressos para shows, teatro etc. Cada um tem seus sonhos, e todos são possíveis, muitas vezes apenas com uma mudança nas prioridades.

Quando as pessoas entram em contato comigo, interessadas no meu trabalho, em geral elas estão abertas a mudanças. Elas já compreenderam que coisas acumuladas não deixam espaço para que a energia boa flua em seu lar. Então eu aproveito a propensão que já existe dentro delas para questionar:

- *Você precisa mesmo de tantas calças? Tantas bolsas? Tantos calçados?*
- *Tantos itens de maquiagem?*
- *Você usa mesmo todos os eletrodomésticos que tem?*
- *E as roupas de ginástica?*
- *Panelas? Aparelhos de jantar? Jogos de taça?*

O fato é que a maioria das pessoas detesta ter que se livrar de coisas, porque dá valor aos objetos. Quando percebo que o cliente acumula itens demais e está sofrendo além do normal com o processo de descarte, costumo dizer: "Ok. Podemos dar um jeito de caber isso tudo, só que no final nada vai mudar de verdade".

Agindo assim, a pessoa está **construindo o seu próprio caos**, porque esse excesso de coisas guardadas tira a sua liberdade. É preciso lembrar que esse exagero pode até caber no seu bolso, mas não no seu espaço.

Esse processo é mais ou menos doloroso conforme a pessoa, independentemente de classe social. No entanto, concluído o trabalho, todos os clientes me falam: "Essa organização mais racional mudou a minha vida!". E é esse o combustível de que preciso para seguir sempre pesquisando, aperfeiçoando e compartilhando com as pessoas tudo o que sei, em *workshops* que faço em lojas parceiras ou nas redes sociais.

Vamos lá... me responda:

Quais as últimas mudanças pelas quais a sua vida passou e que valeram muito a pena?

_____
_____
_____
_____
_____
_____
_____
_____
_____
_____
_____

Alguma dessas mudanças passou por algum tipo de decisão que envolvesse alguma forma de organização? De qual tipo?

_____
_____
_____
_____
_____
_____
_____

Quais as próximas mudanças que você deseja que aconteçam em sua vida?

_____
_____
_____
_____
_____
_____
_____

Que tipo de organização você precisa estabelecer para que essas mudanças aconteçam?

_____
_____
_____
_____
_____
_____
_____

CAPÍTULO 7

MENOS É SEMPRE MAIS

Tem gente que cria o hábito de adquirir muitas coisas e está sempre se mudando para espaços maiores, para não precisar abrir mão de nada. Mas há pessoas que trilham exatamente o caminho oposto: atendendo à nova ordem mundial, passam a morar em espaços bem menores, apartamentos do tipo quitinete ou estúdio, e precisam de muita sabedoria e muito discernimento para saber do que se livrar e o que levar para o novo lar. É uma mudança radical de mentalidade: **conseguir viver bem de acordo com o espaço que se tem**.

Embora eu seja agitada no meu dia a dia, no trabalho procuro transmitir calma e tranquilidade. Tomo sempre bastante cuidado ao ouvir o cliente e as suas necessidades, para jamais correr o risco de, findo o trabalho, ele achar que, em vez de facilitar, eu acabei dificultando a sua vida. Tudo tem que fluir de forma harmônica, de acordo com o modo de viver de cada um.

A organização acaba sendo um processo terapêutico, sobretudo para as mulheres. A maioria delas pode sofrer internamente com o desapego, mas, ao final, todas se sentem felizes e empolgadas em divulgar para as amigas todos os benefícios que obtiveram com a melhor organização de sua casa, o que interfere positivamente até mesmo no relacionamento entre os membros da família.

No começo, a maioria diz: "Eu me encontro na minha bagunça". Mas de nada adianta só uma pessoa ser capaz de encontrar as coisas que procura, pois, quando precisar viajar, por exemplo, ou se internar num hospital, ou passar um tempo maior envolvida em um curso ou um trabalho, ninguém da família será capaz de encontrar nada, e aí começará uma confusão danada. Essa "bagunça organizada" que muitos alegam, sem lógica ou critérios, acaba interferindo no modo de viver de toda a família.

Por isso, considero que a minha principal função é ensinar as pessoas como fazer a organização, e isso só se aprende praticando. Algumas demoram um tempo maior para se adaptar à nova organização, e acabam me chamando seis meses depois para uma manutenção. E não há problema nisso! O importante é que sempre haja espaço para a energia circular entre as coisas e as pessoas, sejam elas mãe e filha, marido e esposa, sogro, sogra e filhos de todas as idades.

Muitas vezes, no primeiro contato, as mulheres me mostram o armário do quarto, por exemplo, e explicam como é feita a divisão entre as coisas delas e as dos maridos. Em seguida, quando converso com eles, percebo que também têm as suas necessidades e que muitas vezes nunca foram atendidas.

O ideal é envolver toda a família no processo, principalmente na organização dos espaços comuns como sala, cozinha, deixando tudo bastante acessível para os pequenos ou para pessoas idosas, a fim de evitar acidentes. No fim, todos acabam assimilando o lema: **"Cada coisa tem seu endereço. Pegou? Depois que usou, devolva para o seu lugar"**.

Márcia Regina, 38 anos, é professora universitária e me chamou quando convidou o namorado para morar com ela. Queria que ele se sentisse à vontade no novo endereço. Eu não a conheci pessoalmente, nosso contato foi inteiramente telefônico, e o seu pedido era que eu organizasse o seu *closet*. Deixou claro que não teria como participar do trabalho, mas que a sua secretária do lar estaria lá para me ajudar no que fosse preciso. Deixou claro, também, que eu não deveria me preocupar com as roupas do namorado, pois minha função seria organizar melhor as roupas dela para criar espaço. E me deu carta branca para trabalhar.

O apartamento era relativamente grande, havia vários armários e todos com roupas dela.

> Minha função seria liberar um armário só para o namorado. O processo foi tranquilo, pois ela já tinha separado peças para doação. Ela estava realmente aberta a uma mudança de mentalidade.

Nesse trabalho, foi muito simples estabelecer critérios de acordo com as necessidades da cliente e partir para a organização. No final, ela ficou tão satisfeita que me contratou para organizar também a sua cozinha.

Esse é um bom exemplo de respeito ao outro e de valorização do bem viver. Márcia Regina era uma mulher apaixonada pelo namorado e pela própria casa, em um momento lindo da sua vida e preocupada em criar espaço para que o namorado se sentisse bem e ambos pudessem compartilhar bons momentos juntos. Foi um trabalho que deixou ótimas lembranças.

Mas o inverso também acontece...

> Silmara, 36 anos, é sócia de um grande salão de beleza. Tinha um número absurdo de roupas, calçados e acessórios. Quando o namorado a convidou para morar com ele, Silmara bem que tentou, mas simplesmente não conseguiu abrir mão de seus pertences. Ela me contratou para

> organizar sua mudança, mas, ao final do primeiro dia de trabalho, acabou desistindo, porque viu que suas coisas não caberiam na casa do namorado e fez sua mudança de volta.

Soube por ela mesma que, pouco tempo depois, acabou também o namoro. Acho que não havia disponibilidade emocional em nenhum dos dois para fazer o outro caber em sua vida.

Dividir um espaço com outras pessoas, sejam marido, filhos, pais, é um grande desafio. Se a tarefa não for encarada com coragem e determinação, há grandes chances de a casa ficar totalmente anárquica e disfuncional. O ideal é que a organização seja racional e funcione igualmente para todos os que moram na casa.

Que tal envolver todo mundo que vive com você nesse "mutirão da organização"?

Comecem listando as áreas comuns, os espaços que todos utilizam.

Quais desses espaços carecem de uma organização "urgente"?

Quais objetos precisam ser descartados para criar espaço para o que realmente importa?

CAPÍTULO 8

PRIVILEGIAR O QUE DÁ ALEGRIA

Nesse meu trabalho conheci muitas pessoas. A maioria dos meus clientes é constituída de mulheres – de toda idade, formação e situação social. Duas delas foram bem especiais, e nunca as esqueci.

> Eugênia, 74 anos, foi professora universitária e abandonou a profissão ainda jovem para cuidar dos filhos. Seu marido era médico, e assim que faleceu a família descobriu que ele guardava dinheiro em segredo. Um ano depois que ficou viúva, Eugênia tomou coragem para desocupar o consultório que ele mantinha, levou tudo para sua casa e me chamou para organizar o cômodo que funcionava como escritório em seu apartamento. No processo de separação dos itens, eu quase joguei fora uma caixinha de *mouse*, quando me lembrei do que ela havia me falado; então

abri a tal caixa e, ao ver que havia um rolinho de dinheiro dentro dela, entreguei imediatamente a caixa para ela. Depois Eugênia me contou que ali o marido havia guardado R$ 6 mil!!

Os pertences do marido estavam todos muito misturados, então jogamos fora o que não precisava ser guardado e começamos a separar por itens todos os documentos e as coisas que ela gostaria de manter, como diplomas e troféus que o marido ganhou ao longo da vida.

No meio da tarde, quando ela me convidou para tomarmos um lanche, acabei passando pelo quarto de serviço do apartamento que ela havia transformado em ateliê mas que estava todo bagunçado, com botões, tecidos, lãs, agulhas e linhas em meio a itens de papelaria. Nesse momento, ela me disse que adorava fazer artesanato, que se dedicava ao tricô e que colagens eram algo que lhe trazia paz, mas que, devido àquele caos, acabara deixando isso tudo de lado.

Eugênia acabou até me antecipando a segunda parcela do pagamento, feliz por ter encontrado um dinheiro inesperado. Ficou também bastante satisfeita com a organização do seu pequeno escritório doméstico. Mas não me contratou para arrumar o quartinho adaptado como ateliê. Esse é bem o exemplo de que muitas pessoas valorizam mais documentos e objetos de valor do que as coisas capazes de proporcionar alegria e a sensação de bem-estar.

> Sônia era uma dona de casa recém-separada, sobrevivente de um relacionamento abusivo, muito bonita, quase obesa e bem depressiva. Tinha o desejo de viver melhor e por isso me contratou para organizar sua nova casa. No entanto, ao chegarmos lá, eu e minha equipe nos deparamos com uma coleção de roupas tamanho P, nada condizente com as suas formas e o manequim atual. Mas ela se recusava a separá-las para doação, por acreditar que um dia elas voltariam a lhe servir. Sônia ficava repetindo "Eu vou fazer lipoaspiração, vou colocar prótese nos seios e logo poderei usar essas roupas novamente".

Sônia fazia questão de manter peças já muito usadas, algumas jaquetas com o couro craquelando que não cabiam nela. Parecia que estava presa na adolescência, em um passado remoto. Depois de muito argumentar, consegui fazer com que ela jogasse fora meia dúzia de peças e encaminhasse para doação outras três. As demais, ela disse que ia separar com mais calma para vender para um brechó. Deixamos mais ou menos acertado que ela me chamaria para ajudar no processo de venda dessas peças para, então, terminarmos o processo de organização, mas Sônia nunca mais me chamou. Tenho a impressão de que ela voltou com tudo aquilo para o armário outra vez.

Assim como Sônia, nós também criamos resistência para desapegar de muitas coisas – e por diferentes razões. Então, como não tornar a nossa casa um lugar amontoado de objetos que já não fazem sentido na nossa vida?

Você já se perguntou qual a razão de alguns utensílios ainda fazerem parte de sua vida?

_____
_____
_____
_____
_____
_____
_____

Que tal começar separando esses utensílios e se perguntar por que você ainda os carrega consigo?

_____
_____
_____
_____
_____
_____
_____

Se chegar à conclusão de que esses objetos não são mais importantes, quais deles você poderia doar ou descartar?

CAPÍTULO 9

PERSONAL ORGANIZER: O FACILITADOR

Este capítulo também poderia se chamar "Delegar sem ficar dependente", e é um assunto que não posso deixar de tratar. As pessoas em geral deixam a casa toda nas mãos de uma empregada doméstica. É a empregada quem arruma do seu jeito e, portanto, sabe onde está cada coisa, mesmo que nada faça sentido. Ela detesta ser chamada pelos patrões à noite, nos finais de semana, em seus momentos de descanso, para dizer onde está guardado aquilo que eles estão procurando, mas não sabe como sair desse círculo.

Muitas vezes, quando um *Personal Organizer* é chamado em uma residência, ele se depara com certa hostilidade – clara ou velada – das funcionárias da casa, talvez porque elas achem que a nova organização vai lhes dar mais trabalho – sem saber que, na verdade, acontecerá justamente o contrário. Assim que essa funcionária doméstica passar pelo treinamento junto com o dono da casa e assimilar os critérios da organização, ela vai perceber que meu trabalho facilitará bastante sua vida e acabará com aquela dependência dos patrões para com ela. Mas é preciso estar aberto a pensar diferente, e isso nem sempre acontece.

Outro fato que ocorre bastante é o morador delegar tanto a organização de sua casa para a empregada que ele passa a nutrir verdadeiro pavor de perder essa funcionária. Essa foi a experiência da Maria Auxiliadora.

> Maria Auxiliadora é dona de uma empresa de porte médio, tem 39 anos, um marido, três filhos, um bom padrão de vida e dedica muito tempo ao trabalho. Tem dois cachorros, e ama tanto os animais que tem cerca de 200 camisetas com estampas de cães que usa no dia a dia. Ao sentir que faltava uma melhor organização em sua casa, ela me contratou, mas, conforme fui explicando como seria o processo, Maria Auxiliadora foi ficando insegura. Primeiro, porque não se mostrava nada disposta a se desfazer de uma parcela daquela coleção absurda de camisetas que ocupava grande parte das suas prateleiras, tampouco de outros itens. Segundo, porque tinha um receio mortal de perder a sua empregada, achando que a moça iria se assustar com a nova organização por pensar que aquelas mudanças todas poderiam sobrecarregá-la ainda mais.
> Ela sabia que já havia delegado coisas demais

> para a empregada e tinha consciência de que a casa era grande e difícil de cuidar. A ajudante doméstica vivia ameaçando pedir as contas. E Maria Auxiliadora tinha tanto receio de que a moça fosse embora que relevava tudo e vivia evitando criar atritos. Ela chegava a contratar discretamente uma passadeira aos finais de semana, para a funcionária não se sentir insegura.

A situação era tensa. Mas essa história teve um final feliz. Com o processo de organização, Maria Auxiliadora foi se sentindo cada vez mais dona da sua casa e retomou as rédeas da sua vida, acabando com aquilo que eu chamo de "sistema carcerário", em que a empregada é que dita as regras. Foi muito bacana ver que ela passou a pensar: "Se ela quiser sair, tudo bem, contratarei outra pessoa que aprenderá como eu quero que a minha casa seja organizada". Esse novo jeito de pensar melhorou a autoestima de Maria Auxiliadora e deixou mais bem resolvida a relação com sua funcionária, que relutou bastante mas acabou se adequando, e hoje reconhece que as mudanças foram para melhor.

Como cada vez mais se fala em organização, espero que aos poucos as domésticas compreendam que as mudanças que o *Personal Organizer* propõe são para facilitar, e não para dar mais trabalho para ninguém. É tudo uma questão de abrir a cabeça para o novo.

CAPÍTULO 10

TOMAR AS RÉDEAS DA CASA

Tomar as rédeas da casa significa ter intimidade com as próprias coisas, e essa é uma parte importante do processo. E que coisa boa é isso!

Tem gente que acumula uma quantidade absurda de roupas e objetos que pouco ou nada usa, como pijamas, utensílios de cozinha, sapatos, bolsas, itens de papelaria, eletrodomésticos etc., mas chega uma hora em que o espaço acaba, e aí instaura-se o caos.

Há pessoas que fazem compras todo dia, geladeira e despensa ficam lotadas, o que dificulta a visualização e os produtos e alimentos vão perdendo a validade. Isso tem um nome: desperdício! Certo dia, fui chamada para organizar a casa de uma mulher que comprava tudo o que a empregada listava, sem se preocupar em checar se aqueles itens eram realmente necessários. Quando fomos ver o armário, havia vários sachês de tempero pronto já abertos, porque, na pressa do dia a dia, a empregada abria o que estava mais à vista.

Geladeira cheia demais não consegue dar conta de manter a refrigeração adequada, e despensa entulhada pode trazer carunchos que são dificílimos de combater, e além do mais são um risco para a saúde, porque, na pressa, pode-se consumir algum alimento já fora da validade.

> Simone, com cerca de 40 anos, casada e com dois filhos, tinha duas empregadas, e nem ela nem as moças tinham noção alguma do que era organização. Ela era diretora em uma multinacional e ficava muito tempo fora de casa, deixando tudo nas mãos das funcionárias. Resultado: a casa era bonita, bem decorada, parecia arrumada, mas no processo de organização encontramos remédios espalhados pela casa toda, roupas guardadas sem nenhum critério e bagunça generalizada.
>
> Eu me encontrei com Simone para ver a casa, detectar os pontos mais críticos e estabelecermos juntas os critérios para a arrumação. Ela ficou encantada com o tanto de detalhes envolvidos na organização, mas avisou que não poderia me acompanhar no trabalho, que era para eu fazer tudo junto com as suas funcionárias, para elas aprenderem.

> Mas, no dia combinado para eu começar a trabalhar, senti forte rejeição das funcionárias, sobretudo da mais velha. Ela me dizia "Não vai adiantar nada fazer isso. E se um dia eu ficar doente, não puder vir aqui, como os patrões vão se virar sozinhos?". Em outro momento ouvi as duas cochichando "Essa moça só vem aqui para nos dar mais trabalho!".

Foi difícil trabalhar com tanta oposição, mas no final deu tudo certo, a casa toda ficou organizadíssima e Simone passou a não ter mais que bancar tanto desperdício de alimentos e produtos de limpeza. Mas foi um perrengue convencer as duas empregadas a "pensar fora da caixa" e reconhecer que a nova organização veio para facilitar o trabalho delas, e não o contrário.

A questão é que tem muitas domésticas que fazem da casa dos patrões a sua casa e chegam a ter ciúmes quando outro profissional aparece no que ela considera o seu espaço.

Se a casa é maior, de alto padrão, tem mais profissionais envolvidas. Além da empregada mensalista, existem a cozinheira, a arrumadeira, a passadeira, uma ou mais babás e, em alguns casos, até uma diarista indo uma vez por semana para a limpeza pesada.

- *Que tal se reunir com a equipe que já trabalha no local e demonstrar como será a nova organização? Isso vai garantir que elas colaborem com a manutenção da nova ordem.*

- *Como convencer todas essas pessoas a aderir à nova organização da casa?*

- *Você já se propôs a organizar a despensa juntamente com a sua empregada?*
  Quais soluções vocês encontraram juntas para melhorar a organização desse espaço?

- *Que tal pedir ajuda à babá para deixar o quarto do(s) filho(s) bem funcional e bonito?*

- *A faxineira também pode ser de grande ajuda na hora da organização. Você já pensou em convidá-la para pensar junto sobre alguns espaços?*

- *No que mais essas profissionais poderão colaborar com a organização? Preste atenção, pois elas podem ter boas dicas, afinal vivem intensamente o dia a dia da casa e podem apontar espaços mais problemáticos.*

CAPÍTULO 11

QUANDO A CASA NÃO É SUA

Em geral, os clientes que me procuram são independentes e donos de sua própria vida, e já vêm há tempos sonhando com uma organização mais racional em sua casa, estando abertos a mudanças. Isso pode ser mais difícil de ser alcançado quando você mora na casa de alguém: mãe, amigo ou mesmo numa república de estudantes. Você vai precisar de um certo tempo para convencer as pessoas dos benefícios desse trabalho. Mas não é impossível.

Em um dos meus *workshops*, promovi um sorteio entre os participantes interessados, e a moça que ganhou vivia uma situação bem peculiar.

Geni, 35 anos, solteira, atuava na área de moda e vivia com a mãe. Elas vinham de uma origem humilde, haviam progredido a ponto de poderem morar numa casa de dois quartos em um bairro melhor. O problema era que a mãe guardava tudo dessa sua filha única: todos os seus cadernos escolares desde a pré-escola, todos os seus brinquedos e suas roupinhas. Quando a mãe não tinha mais como manter essa coleção em seu quarto, começou a invadir o armário da filha, que se desesperava, o que provocava discussões entre ambas. Quando Geni tentava separar peças para doação, a mãe pegava tudo de volta.

Elas viviam apertadas sem a menor necessidade. Geni já manifestava essa prontidão para a organização, tanto que foi fazer o *workshop*. Quando foi sorteada e fui até a casa dela, senti todo o drama. Geni me contou que a mãe dela não estava disposta a abrir mão de nada. E que vivia dizendo que não via a hora de a filha se casar e sair de casa para que ela pudesse dispor de todo o seu quarto para guardar tudo o que para ela era importante.

Observe que essa mãe preferia deixar de ter a companhia da filha a abrir mão de todos aqueles objetos, perdendo a oportunidade de ter bons momentos com a filha hoje, para conviver com coisas que lhe traziam lembranças. Isso é muito mais comum do que se imagina. Tem até gente que, precisando criar espaço em casa, separa coisas para serem guardadas na casa de parentes, invadindo completamente o espaço dos outros. Ou que se muda e deixa um verdadeiro depósito na casa de pais ou amigos. Mas, se isso acontece, é porque o dono da casa permite, concorda? Quem deu a essas pessoas autoridade ou liberdade para pedir algo tão absurdo? Cada um tem que ser dono do próprio espaço e defender o seu bem-estar para poder viver bem.

Você guarda na sua casa coisas que não são suas? Por que razão?

Tem dificuldade para dizer "não"? Para quais pessoas?

Que direito você tem de pedir que outra pessoa guarde na casa dela objetos seus?

_____
_____
_____
_____
_____
_____

Que direito você tem de invadir a casa do outro?

_____
_____
_____
_____
_____
_____

Já se perguntou: será que essas coisas são realmente tão importantes assim para serem guardadas?

_____
_____
_____
_____
_____
_____

LEMBRE-SE: você tem o direito de manter a sua casa organizada, mas direito nenhum de atravancar o espaço dos outros.

CAPÍTULO 12

NOÇÃO DE ESPAÇO *VERSUS* VOLUME

Sempre me pergunto por que existem no mercado mais *Personal Organizers* mulheres do que homens. Imagino que seja pela questão da sensibilidade, atenção aos detalhes, de um apreço pela estética, pela ordem e funcionalidade das coisas. Afinal, até hoje, a maioria das meninas continua sendo treinada desde pequena a arrumar e limpar, como na geração das nossas mães e avós, enquanto os seus irmãos são incentivados a sair e brincar.

Conforme fui me aprofundando no assunto e pesquisando, percebi que era importante que eu treinasse o meu olhar para conseguir orientar cada vez melhor meus clientes, por isso busco sempre ver exposições, *sites* de fotografia e arte, dentre outras coisas. Fiz também cursos de *design* de interiores e *design* de móveis, e esse conhecimento me ajuda a entender a estrutura de cada armário, a resistência da madeira e sugerir modificações viáveis para um aproveitamento de espaço mais racional, como a instalação de mais cabideiros, por exemplo. Aprendi que móveis planejados são mais resistentes e suportam mais peso, e ainda podem ser desenhados conforme a necessidade de cada um.

Nenhuma casa é igual a outra, nenhum armário é como o outro. Em meu trabalho visito muitas residências, e já me cansei de ver projetos de cozinha totalmente confusos, armários que não atendem às necessidades dos moradores, objetos usados no cotidiano guardados em prateleiras muito altas, tudo isso fazendo com que as pessoas se angustiem em sua rotina. Muitas vezes o imóvel é alugado ou foi reformado para atender às necessidades de quem morou lá antes, e o morador atual precisa se adaptar a pias muito baixas ou muito altas, armários inacessíveis, e por aí afora. Mas sempre tem um jeito de melhorar.

Com todas essas andanças, descobri que o arquiteto planeja o espaço de acordo com as necessidades do cliente, e o *Personal Organizer* visa ao íntimo de cada cliente, ao uso diário daquele espaço. Só depois de entender como a pessoa e suas necessidades funcionam é possível traçar um plano que seja bom para ela, e não seguir o que os manuais padronizados apregoam como certo ou errado.

É tão importante ouvir o cliente que o arquiteto e decorador Maurício Arruda disse, em entrevista para a *Casa Vogue Experience*, que o ideal é que o cliente atue como coautor do projeto. Só assim a casa terá a sua cara com toda a funcionalidade que ele precisa para viver com conforto e bem-estar.

E é esse exatamente o coração do meu trabalho. Muitas vezes, o cliente me procura para organizar seu guarda-roupa, mas no final, como consequência, a organização acaba atingindo a cozinha, o banheiro, a sala, o escritório etc. Isso acontece por uma razão bastante simples: as pessoas costumam guardar no quarto coisas que deveriam estar na cozinha; na sala, o que deveria estar no banheiro; na cozinha, o que faz parte da sala, e assim por diante. Então, quando começo a lidar com a organização de um móvel, costumo me deparar com objetos que não eram para estar ali, e uma coisa leva à outra.

Há pessoas que adquirem jogos de jantar e faqueiros para usar quando receberem visitas, mas no dia a dia acabam usando pratos feios, muitas vezes até lascados, e talheres que não combinam. Além de se condenarem a viver mal, optam erradamente por guardar aquilo que adquiriram com tanto gosto para servir outras pessoas. O mesmo ocorre com as roupas. Muitos investem bastante em roupas para sair, ficando em casa com peças desgastadas, puídas, o que, vamos combinar, não é bom nem para o espírito nem para a autoimagem. Há mulheres que investem uma pequena fortuna em itens que acabam nem usando e se transformam em um acervo de peças para emprestar às amigas.

A gente luta, trabalha, economiza e dá um duro danado para se sentir bem, e todo esse esforço não pode servir apenas para agradar aos outros. Primeiro tenho que agradar a mim e à minha família.

Nesse sentido, aprendi muito com meu avô. No seu dia a dia, no momento das refeições, não importava qual seria o prato do dia — ovo, uma boa carne ou qualquer outra opção. Ele sempre punha a mesa, com guardanapo bonito, os talheres postos corretamente, para desfrutar daquele momento. Sempre achei essa postura que ele tinha consigo mesmo muito bacana, pois me mostrou quanto é importante proporcionar à nossa família esses momentos maravilhosos, independentemente do que estivermos comendo. O que na verdade deve ser levado em consideração é o cuidado que demonstramos com gestos como esse. Então nada de pratos ou "louças de visita": a primeira pessoa que deve se sentir especial na sua casa é você.

Valquíria, 29 anos, era farmacêutica, estava grávida e queria deixar a casa pronta para receber o primeiro filho, mas teve dificuldade em criar espaço para ele. Tinha uma coleção enorme de roupas para dormir, dezenas de penhoares e muita roupa em gavetas, prateleiras e no armário. Era preciso otimizar a forma de guardar tudo aquilo. Mas ela não estava

> disposta a gastar muito. Argumentei sobre o pouco espaço, e com isso ela acabou concordando em adquirir alguns itens que iriam fazer seu espaço render e facilitar o acesso. Valquíria, no entanto, se recusou a trocar os velhos cabides de madeira ou acrílico de seu armário pelos de veludo, que são bem resistentes, fixam melhor as peças e evitam que caiam, além de serem mais finos, ampliando o espaço no cabideiro.

Foi preciso muita conversa, mas no final do trabalho o resultado ficou ótimo e de acordo com a verba que Valquíria tinha disponível naquele momento. O cliente, afinal, é quem sabe de si.

A roupa passada

Existem pessoas que fazem questão de apenas vestir roupas muito bem passadas, no entanto não organizam seu armário de maneira a ter espaço suficiente entre os cabides. Resultado: se aborrecem toda vez que vão escolher alguma peça e ela está cheia de marcas. Muitos contratam até uma passadeira para a função, mas na hora de guardar fica tudo espremido no guarda-roupa e as peças estarão amassadas na hora do uso. Então, para que gastar energia com isso?

> Patrícia, dona de casa de 55 anos, tinha um marido acostumado a usar roupas passadas, que se irritava toda vez que buscava uma camisa no armário. Patrícia dizia que sabia organizar, mas que o armário era pequeno para tantas camisas – e seu marido, se pegasse uma marquinha pequena que fosse, se recusava a vestir a camisa. Era um estresse toda manhã.

Passar roupa é OK. Mas, antes, é preciso pensar de que forma essas roupas serão guardadas. Se Patrícia não tinha o intuito de organizar o seu guarda-roupa, a única solução para acabar com o estresse matinal seria o marido escolher a camisa que iria usar naquele dia e pedir para a sua mensalista passar na hora.

Vamos pensar no seu espaço:

- *Você já parou para analisar o espaço que você tem em sua casa?*
- *Já observou como os armários estão divididos entre você e seu marido?*
- *Será que ele tem o espaço que necessita para as suas roupas e acessórios?*
- *Já analisou se tudo que de fato você guarda nesse espaço está no lugar certo?*

- *Liste quais espaços precisam de uma organização urgente.*
- *O que incomoda você nesses espaços?*
- *Quais desses espaços você pode começar a organizar ainda hoje?*

CAPÍTULO 13

ORGANIZAÇÃO É PARA TODOS

Não pense que, porque já trabalhei com algumas celebridades, o trabalho do *Personal Organizer* é apenas para gente com muito dinheiro. Eu somava um bom número de seguidores quando percebi que as pessoas mistificavam muito essa função, achavam que era só para os ricos. Disposta a quebrar esse tabu, bem lá no início da carreira, selecionei uma seguidora bem especial para oferecer uma diária minha completamente grátis.

Dinah, 33 anos, era casada com um funcionário de contabilidade em início de carreira, tinha dois filhos e morava numa casa de dois quartos construída no quintal da casa da avó, na comunidade de Heliópolis, em São Paulo. A casa era pequena, muito limpa e bonita. A bagunça toda estava escondida no armário dela, e nos jogamos na fun-

> ção de separar o que era para ficar, o que era para descarte e o que era para doar. A notícia correu por aquelas vielas, e no meio da manhã a irmã de Dinah e duas amigas chegaram para acompanhar o processo e acabaram ajudando muito, aprendendo como se faz e se tornaram multiplicadoras de todo aquele conhecimento.

O sentido da organização envolveu todo esse time de mulheres poderosas, e o dia foi bastante produtivo. Dinah foi linda, preparou almoço para mim e eu saí de lá feliz por ter conseguido ensinar e conquistar mais pessoas a acabar com esse preconceito de que o trabalho de PO é somente para quem tem um alto poder aquisitivo e vive em espaços imensos. A organização é um direito de todos, e qualquer um pode aplicá-la no lugar onde vive. Basta aprender como se faz e se jogar com alegria na tarefa que eu garanto: você vai ficar muito feliz no final. E o melhor: você pode organizar a sua casa sem que isso exija gastos de sua parte. Tudo pode ser resolvido com um pensamento mais racional, usando apenas criatividade e as coisas que você já tem, como pastas, caixas, vidros e embalagens para separar os itens.

CAPÍTULO 14

SEPARAÇÃO POR COR NÃO É LEGAL

"Organizar é separar por cor, não?" É assim que muita gente pensa, mas isso não faz muito sentido. Organização não é nada disso!

Juntar peças apenas pelo critério da cor não faz o menor sentido, porque você estará misturando diversas categorias e deixando perto shorts com blusas de frio e com camisetas apenas por serem da mesma cor. Dessa forma, você nunca vai saber exatamente quantas roupas tem de cada item, e isso pode te levá-lo a comprar mais do que realmente precisa. O melhor é separar por categoria e depois por subcategorias. Por exemplo:

CAMISETAS	CALÇAS
Regata	Alfaiataria Jeans
Manga curta	Pantacourt
Manga longa	Flair
Manga japonesa	Skinny
	Legging
	Bermuda
	Short

Isso vale para todos os itens e ajudará você a ver que não precisa comprar mais uma calça preta, por exemplo, simplesmente porque consegue visualizar que já tem várias dessa cor.

Dizem também que é bom fazer rotatividade no armário no verão e no inverno, colocando nas partes mais altas o que não vai ser usado naquela estação. Só que isso não funciona no Brasil, sobretudo no Sul e no Sudeste, porque não temos estações muito rígidas, e ocorrem dias frios ou muito quentes de forma inesperada.

Além do mais, essa estratégia da rotatividade exige um trabalho semestral totalmente desnecessário. É claro que roupas para frio extremo, como casacos pesados, calçados para neve e acessórios desse tipo normalmente usados em viagens ao exterior não precisam ficar tão à vista.

- *Para começar, separe todos os itens por categoria e os disponha sobre a cama, de forma a poder visualizá-los bem.*
- *Em seguida se pergunte: que peças você poderia descartar em todas essas categorias?*
- *Separe todos os itens que você percebe que tem em excesso, veja se precisa deles de fato e dê uma destinação a eles: doação ou, se for o caso, o lixo mesmo.*
- *Eu garanto que, ao final, a sensação de mais espaço no armário vai fazer todo esse trabalho e desapego terem valido a pena.*

CAPÍTULO 15

ITENS ORGANIZADORES

Hoje em dia existe no mercado um verdadeiro arsenal de itens criados para ajudar na organização, mas antes de adquiri-los é preciso verificar se são mesmo necessários, caso contrário acabam sendo objetos a mais para atravancar os espaços ou uma forma diferente de seguir guardando as mesmas coisas que já não têm utilidade. Eles não são fundamentais, em geral significam um gasto a mais, porém alguns, se usados com moderação e inteligência, podem otimizar espaços em estantes, guarda-roupas, *closets*, armário de mantimentos e podem deixar bem acessíveis brinquedos, jogos, documentos e itens comuns como os de higiene (xampus, sabonetes etc.).

- **A caixa organizadora sem tampa,** por exemplo, funciona como gaveta dentro de um armário, ajudando na distribuição dos itens.
- **Colmeias** são excelentes delimitadores de espaço e facilitam a visualização na hora de esco-

lher uma calcinha, uma cueca, uma meia (e a não perder pares) etc.

- **Caixas organizadoras com tampa** são úteis e protegem itens do pó e da umidade, comportam peças muito pequenas, que de outra forma poderiam ser perdidas, e também são ideais para acondicionar coisas menos usadas no dia a dia. Cada pessoa pode escolher as cores de acordo com a decoração.

- **A organização com materiais recicláveis também é possível.** Uma embalagem de vidro pode funcionar perfeitamente para guardar biscoitos, alimentos comprados a granel como arroz, açúcar, grão-de-bico, aviamentos como botões, pedras, miçangas, sachês de banho e uma infinidade de itens da casa. Uma caixa de papelão bonita e em bom estado pode guardar documentos, cadernos e até echarpes – por que não? Mas atenção: caixas de papelão não devem ser usadas em locais úmidos. E mais: quando você escolhe um reciclável para guardar objetos pertencentes a uma categoria, ele deve poder comportar tudo referente a ela. Por exemplo: de nada adianta ter echarpes divididas em várias caixinhas pequenas só porque elas são bonitas. O ideal é colocar todas as echarpes em uma única caixa bem identificada. **Nem tudo precisa ser comprada, e utilizar o que já existe é a sofisticação do consumo consciente.**

Para que você tenha uma ideia, eu não chego à casa do cliente cheia de itens organizadores. Pelo contrário: primeiro converso, depois observo e só sugiro a compra de algum item organizador se sentir que realmente é necessário, até porque eles não costumam ser baratos. Afinal, o objetivo principal do meu trabalho é desentulhar, e não encher a sua casa de mais coisas.

Então, como separar os objetos por item de forma mais organizada?

Como escolher bons itens organizadores?

Comece esvaziando, limpando e medindo os espaços.

Depois, veja o que você já tem e o que pode reutilizar: caixas organizadoras, caixas bonitas de papelão, colmeias, pastas etc.

Assim, você economiza e não precisa gastar com algo que já tem em casa.

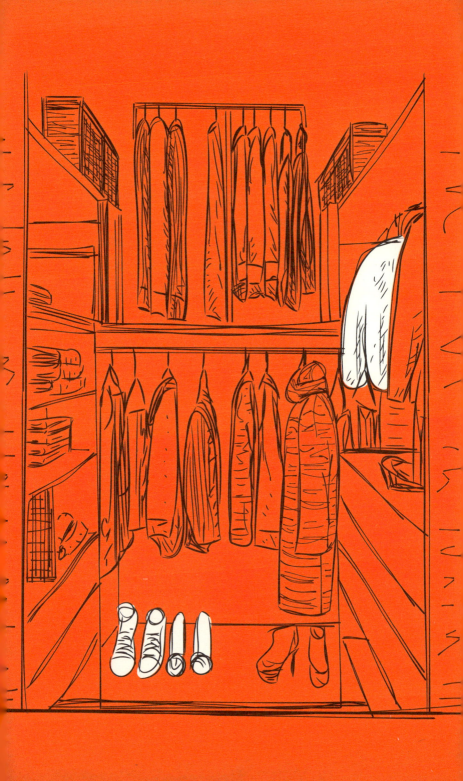

CAPÍTULO 16

MUITO ALÉM DAS DOBRAS CORRETAS

Procuro variar sempre o tema dos meus vídeos e *workshops,* buscando ampliar o conhecimento das pessoas sobre o assunto organização. Mas, sem dúvida, os de maior audiência são aqueles em que ensino como dobrar corretamente roupas e *lingeries*. Esta é uma excelente estratégia para fazer o espaço render e manter as gavetas muito bem organizadas.

Veja algumas dobras mais importantes:

1. Ponha a camiseta de costas e o gabarito entre as mangas.

2. Dobre cada lateral sobre o gabarito.

3. Dobre as mangas e retire o gabarito. Em seguida, dobre levando a barra no sentido da gola até a altura das mangas.

4. Dobre a gola e dobre novamente, formando um retângulo. Posicione a camiseta dobrada na gaveta, como um arquivo.

5. Se você preferir guardar as camisetas em prateleiras, siga o passo 3 e coloque uma peça ao lado da outra e forme pilhas.

Não há segredo: uma vez tendo contato com a técnica, qualquer um está pronto para dobrar suas coisas da maneira correta, evitando que as roupas amassem e assim estejam sempre prontas para o uso. Gabaritos para dobra (lençol, fronha, camisetas, roupa de bebê, echarpe, malhas de inverno) são facilmente encontrados em lojas especializadas.

Só que organização vai muito além de dobras corretas, e é esse tabu que venho tentando desmontar. Organização tem a ver com critério, separar as coisas por categoria. Seguindo esse processo de pensamento, logo tudo começa a fazer sentido.

- Mais do que aprender a dobrar, é preciso saber onde e como guardar.
- De nada adianta saber fazer as dobras do jeito certo se as peças são guardadas em espaços errados.
- Por mais certo que se façam as dobras, é lógico que dobrar deixa marcas.
- Assim, roupas guardadas em gavetas ficam com mais marcas, já quando guardadas em prateleiras ficam menos marcadas.
- A mesma coisa acontece com as peças penduradas em cabides. Se não houver espaço suficiente entre elas, estarão amassadas na hora do uso.

CAPÍTULO 17

CONVIVÊNCIA DURANTE A PANDEMIA

A necessidade do isolamento social fez as pessoas passarem mais tempo dentro de casa, aumentando a convivência entre elas. Todos tivemos que aprender a viver em família e, sobretudo, a passar mais tempo juntos. Se antes os filhos passavam 80% do seu tempo na escola ou em atividades externas, hoje temos que administrar suas novas rotinas com aulas *on-line* intercaladas com brincadeiras. Antes, com o trabalho presencial, as pessoas faziam muitas refeições fora de casa e, de repente, tiveram que passar a cozinhar. E também contavam com empregadas domésticas, que cuidavam de tudo: fogão, filhos, limpeza e organização, tudo a partir de um critério que era delas. Com o isolamento, muitos dispensaram essas profissionais, então a desorganização da casa passou a ser mais evidente e incomodativa, e as pessoas passaram a se dar conta de quanto eram totalmente dependentes dessas funcionárias.

Isso tudo gerou uma reviravolta emocional generalizada, fazendo brotar nas pessoas certo desconforto e, como consequência, lotando a agenda dos psicólogos. Uma categoria de profissionais que passou também a ser bastante convocada foi a dos *Personal Organizers*, já que a necessidade de uma organização mais racional e funcional ficou nítida para todo mundo.

Meu trabalho aumentou muito durante a pandemia, e passei a ser mais procurada nas redes sociais por pessoas que estão mudando de casa ou vivendo uma situação insustentável de bagunça que afeta a sua produtividade no trabalho *home office*. Essas pessoas têm urgência.

A pandemia as fez tomar consciência da necessidade de ter a casa organizada criteriosamente e de aprender a comandar a sua própria casa a semana inteira, e não apenas nos finais de semana. O ideal é que a pessoa saiba onde está tudo dentro da própria casa.

Quais foram as coisas que você percebeu que precisavam de organização quando passou a ficar mais tempo em casa?

_____

_____

_____

_____

Você conseguiu organizar algum cômodo específico de sua casa? Qual? Como foi a experiência?

_____
_____
_____
_____

As outras pessoas que moram com você se envolveram nesse processo de organização?

_____
_____

No processo, você pensou no bem-estar e da segurança dos idosos e/ou crianças da casa?

_____
_____
_____
_____

Está encontrando dificuldade em manter essa nova organização?

_____
_____
_____
_____

Tente entender quais são suas dificuldades e busque resolvê-las para que tudo flua naturalmente.

_____
_____
_____

CAPÍTULO 18
UM *TOUR* PELA CASA

Como eu já disse antes, gosto demais da minha profissão e do que faço. Mas minha paixão mesmo é ensinar as pessoas a eliminar a bagunça acumulada e pensar em uma nova organização mais eficiente. Assim, proponho a você, leitor, seguir comigo um roteiro dentro da sua própria casa, iniciando pelas áreas comuns e, por fim, organizando armários e outros móveis de uso mais individual. A ideia é que você faça uma lista do que precisa ser feito para que viva melhor no seu espaço e, aos poucos, vá mudando as coisas.

1. **Cozinha** – Mantenha ao seu alcance todos os itens que usa com mais frequência e, nas prateleiras mais altas, os de uso esporádico. Toda cozinha tem que ser funcional, sobretudo para quem a opera, evitando o uso de escadas e cadeiras para pegar coisas a toda hora, o que pode ser também perigoso. Essa é uma área

comum, e é bom deixar tudo disposto de forma a ficar bem à mão de filhos, marido e demais pessoas que moram na casa, para que todos fiquem independentes.

2. **Geladeira –** Guarde na porta apenas alimentos industrializados, como mostarda, geleia, *ketchup* etc., bem como água. Leite e laticínios em geral devem ficar nas prateleiras mais frias, mais próximo do *freezer*, dependendo do modelo de sua geladeira. Verduras devem ser guardadas nas gavetas próprias e dentro de sacos plásticos para não queimarem com a refrigeração (e, para que durem mais, convém colocar uma folha de papel-toalha dentro do saco plástico ou vasilha plástica, para que absorva boa parte da umidade). Frutas também podem ficar nas prateleiras mais baixas, sempre dentro de sacos plásticos para proteger da refrigeração, exceto as que não devem ir para a geladeira, como a banana, por exemplo. Ovos não devem ser lavados antes de irem para a geladeira, porque têm a casca porosa e existe o risco de contaminação – eles devem ir para a geladeira assim que comprados. Batata, tomate e pimenta devem ser guardados fora da geladeira, em temperatura ambiente.

3. **Despensa** – Produtos enlatados e pacotes com grãos (arroz, feijão, ervilha, grão-de-bico etc.) devem ser estocados em cestinhas de plástico, separados por item. Depois de abertos, devem ser acondicionados em potes herméticos de boa vedação para garantir sua qualidade. Evite acumular muitas embalagens de um mesmo item, porque é grande a chance de criarem caruncho e também perderem o prazo de validade estipulado na embalagem. Lembre-se: acumulação gera desperdício! O ideal é só ir para a lista de compras quando a última embalagem tiver sido aberta. Atenção: assim que chegar das compras, guarde os produtos alimentícios por ordem de validade, deixando os que vão vencer mais à mão.

4. **Área de serviço** – Materiais de limpeza devem ser acondicionados de pé e em caixinhas organizadoras de plástico, de modo bem visível e separados por função: detergente, sabão líquido, amaciante, produtos para limpeza, desinfetantes. Da mesma forma que os alimentos, só devem ir para a lista de compras quando o último volume tiver sido aberto. Use uma caixinha para guardar itens miúdos, mas de forma que você consiga visualizar tudo o que tem ali. Se você consome várias embalagens de um mesmo produto de limpe-

za por mês, use a ordem "Peps" — "o primeiro que entra é o primeiro que sai". Quando o banheiro é pequeno, alguns itens podem ser estocados na área de serviço.

5. **Sala –** Muitas casas não têm um cômodo para ser usado como escritório. Nesse caso, em geral as pessoas guardam no armário ou na estante da sala pastas e caixas com documentos, fotografias e outras lembranças, o que é bacana para aproximar a família. Desde que esteja tudo muito bem separado, identificado e bem visível, não há problema algum nisso. Muitos que atuam em *home office* reservam um espaço na sala para montar seu local de trabalho. O ideal é que esse espaço seja o mais protegido possível e esteja sempre organizado e pronto para cada nova jornada.

6. **Banheiro –** Cestinhas organizadoras são uma boa opção para separar produtos para o corpo, para os pés e as mãos, produtos para o rosto, para o cabelo e maquiagem. Se houver muitos moradores na casa, as cestinhas também podem ser separadas por pessoa, com os itens que cada um usa. Evite cestos em tecido ou fibras naturais como a palha, por exemplo, porque elas podem mofar com a umidade do banheiro; nesse caso, prefira sempre cestas de plástico.

7. **Quarto do bebê –** Hoje em dia os bebês ganham tantas roupas que nem têm tempo de usar todas e as mães correm o risco de esquecer de usar muitas peças, o que pode ser um prejuízo para o bolso. Por isso, o ideal é separar as roupinhas por tamanho, com boa identificação, e deixá-las bem acessíveis: recém-nascido, 3-6 meses, 6-9 meses e assim por diante. Se o espaço for pouco, vale guardá-las em sacos embalados a vácuo e bem identificados. Nas gavetas, devem ficar as roupas usadas no dia a dia, tudo bem separado: *bodies*, macacões, blusinhas de manga longa e de manga curta. Há mães que optam por guardar todas as roupas que não servem mais pensando no próximo filho. Se o projeto é ter logo outro filho, vale a pena, desde que as peças sejam bem lavadas e corretamente guardadas. Caso contrário, há uma boa chance de virar uma coleção para a vida toda, o que faz parte das crenças antigas, não mais condizentes com os dias de hoje, em que as famílias vivem em espaços menores. O ideal é ir doando o enxoval para algum parente ou instituição.

8. **Quarto de hóspedes –** O ideal é que ele contenha um jogo de cama, outro de banho, e tudo o que o hóspede for precisar. A visita precisa ter espaço para guardar sua mala, suas roupas e

outras coisas. Mas algumas pessoas acabam ocupando os armários também desse cômodo, o que se torna um estímulo para a acumulação. O ideal é não entender o quarto de hóspede como um espaço seu.

9. **Quarto das crianças –** A maioria das crianças dorme junto com um ou mais irmãos. Muitas vezes, a mãe não sabe distribuir as coisas de modo que todos tenham espaços iguais. O ideal é que tudo seja bem dividido. Não é bom misturar as roupas de um com as de outro. Cada filho tem as suas necessidades, e elas precisam ser atendidas. Cabe ao responsável esse reconhecimento.

CAPÍTULO 19

O SEU QUARTO

Esse é o cômodo reservado para a sua intimidade e conforto, porém onde, em geral, mais se guardam coisas desnecessárias. Por isso dou uma dica: separe doações sozinho. Sua família pode te desestimular a descartar certas peças por apego. Afinal, as pessoas adoram guardar suas recordações na casa de quem permite isso.

Veja as dicas a seguir e organize melhor seu espaço:

- Nenhum armário é como outro, e cada um tem que atender às necessidades de quem o usa, seja uma ou mais pessoas.
- Armários e *closets* de homens são sempre mais fáceis de organizar, porque eles em geral têm menos peças. Se o guarda-roupa for compartilhado, cuidado para não invadir o espaço dele com os seus excessos. Isso é questão de respeito.

- Reserve um pouco das suas férias ou um feriado prolongado e aproveite para organizar o seu armário aos poucos, ao longo de alguns dias, mas de maneira muito focada. A arrumação deve ser rotineira, mas a organização é permanente!

- De preferência, organize uma parte por vez: gavetas, estantes, cabides, caixas etc. Tirar tudo ao mesmo tempo sem a ajuda de um *Personal Organizer* é exaustivo, e você tem grande chance de desistir no meio do processo, se frustrar e manter as coisas como estão para sempre.

- Uma vez escolhida a parte que vai organizar naquele dia, comece selecionando o que vai ser descartado, o que precisa de conserto, o que vai para o saco das doações e, finalmente, o que deve ser mantido.

- Itens usados com frequência não podem estar em lugares de difícil acesso.

- Reserve o maleiro no alto do armário para itens esporádicos.

- Tente deixar todas as suas roupas visíveis. As que ficam escondidas no fundo do armário acabam esquecidas e nunca são utilizadas.

- Evite pendurar suéteres e blusas de lã em cabides, pois eles ficam marcados e até deformados. Melhor dobrá-los e guardá-los em prateleiras.

- Evite pendurar roupas pesadas em cabides, como vestidos de festa, por exemplo, porque as alças podem se esgarçar com o tempo.

- Cabides de veludo são ótimos para pendurar tudo, incluindo calças e roupas que escorreguem.

- Mesa de cabeceira existe para ser um auxiliador, mas acaba sendo depósito das coisas mais variadas, como chocolate, batom, joias, chaves, contas, eletrônicos, exames, fotos e uma infinidade de itens. Há coisas da casa inteira em apenas duas gavetas, sem a menor razão. Ela está ali para te atender quando você está na cama, para guardar um livro, por exemplo, ou um remédio de uso contínuo que deve ser tomado na hora de dormir.

- Findo o trabalho, é muito gostoso sentir tudo limpo, organizado e com a energia fluindo.

Como organizar alguns itens específicos:

- **Guarde em caixas os cintos**, os acessórios de frio, as roupas de praia.

- **Calcinhas, meias e cuecas** devem ser guardadas em gavetas, assim como pijamas e roupas de academia. Isso facilita a visualização, pois ficam mais bem acomodadas.

- **Edredons e cobertores** muito pesados podem ser embalados a vácuo, como forma de ganhar espaço.

- **Dobre camisetas** com o auxílio de um gabarito, que pode ser encontrado em lojas de cama, mesa e banho.

- **Guarde as camisetas** na gaveta como um arquivo (ver ilustração p. 102). Se precisar guardá-las em prateleiras, elas podem ser dispostas em pilhas para facilitar a visualização.

- **Calcinhas** devem ser dobradas e guardadas em colmeias.

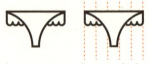

1. Deixe a ponta maior para baixo.

2. Dobre as laterais para dentro, igualando com a ponta.

3. Com uma lateral sobre a outra, deixe a peça reta.

4. Dobre a parte superior até a metade da peça. Os elásticos formarão uma casinha, na qual você colocará a ponta inferior formando um pacotinho.

- **Sutiãs** de bojo devem ser guardados encaixados uns nos outros para facilitar a visualização, evitar que se deformem e para um melhor aproveitamento de espaço.

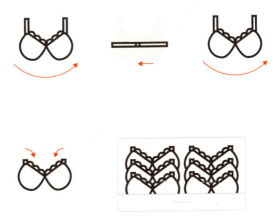

- **Jaquetas de couro** devem ser penduradas – o ideal é que sejam protegidas por uma capa de TNT, que permite a respiração das peças. Cerca de duas vezes por ano elas precisam ir para o varal, para arejar o material. Mas cuidado: roupas de couro não podem tomar sol, porque isso o desidrata.

- **Bolsas** devem ficar dispostas em prateleiras. A maioria delas precisa ser guardada com enchimento e ficar na posição certa, caso contrário acaba se deformando. Cuidado: elas não devem ser guardadas onde bate sol. O ideal é que haja uma distância entre elas, sobretudo as de verniz, pois elas podem aderir a bolsas de outros materiais e com isso ficar manchadas.

- **Sapatos** – Quando se tem uma sapateira, o ideal é colocar um pé atrás do outro, de maneira que fiquem todos visíveis. Algumas pessoas optam por guardar os calçados dentro de caixas, mas isso não é o ideal, porque elas podem criar mofo. O melhor são as caixas plásticas próprias para calçados e com respiro. A maioria dos organizadores de sapato otimiza espaço mas não é funcional, e isso não é organização.

- **Chinelos** – Quando se tem bastante espaço, o critério poderia ser o mesmo dos sapatos, um atrás do outro. Mas um jeito de economizar espaço é guardá-los em cestinhos de palha ou vime. Isso é o que chamo de criar uma subcategoria na organização.

- **Botas de cano mais longo** precisam de enchimento para não se deformar. Eu costumo usar aquelas boias espaguete (usadas em natação). Devem ser separadas pela altura do cano – o que permite que se tenha ciência de quantas botas você tem.

- **Xales, cachecóis, toucas e luvas** são considerados acessórios de frio. Quando são poucas peças, o ideal é que fiquem todas juntas em uma mesma caixa. Mas se a pessoa tem muitos desses itens, pode também guardá-los em caixas separadas, até mesmo para evitar ter que comprar uma caixa muito grande, que pode nem caber dentro do armário. Tudo vai depender da quantidade que se tem de cada item.

- **Gavetas** – Devem ser usados de acordo com quantas gavetas você tem disponíveis e com o volume das suas peças. A prioridade é deixar em gavetas calcinhas, sutiãs, meias, pijamas e roupas para academia.

Muita gente tem o hábito de separar roupas que foram usadas poucas horas pensando em usá-las numa oportunidade próxima, mas tais peças acabam ficam encostadas por muito tempo e passam a tomar muito espaço. Eu penso o seguinte: se a roupa está limpa, ela pode voltar para o seu lugar normalmente. Esse é o caso da Flávia.

Flávia é fisioterapeuta, solteira e tem uma vida social bastante animada. Certa vez ela me contratou para organizar o seu armário, e designou uma parte inteira do cabideiro para guardar roupas que havia usado por muito pouco tempo e ainda não precisavam ser lavadas. Tempos depois ela precisou me chamar de novo, porque estava tudo apertado outra vez. Eram dezenas de blusas de frio, de calor, *lingeries*, calças, tudo fora do seu "endereço" certo.

No momento da organização, eu já tinha designado espaços para todos esses tipos de roupas, mas com esse hábito Flávia acabou criando um armário dentro do armário. Isso também acontece com pessoas que separam roupas de ficar em casa das roupas de sair, o que gera uma subdivisão meio sem lógica.

CAPÍTULO 20

A MALA PARA VIAGEM

Se tem uma coisa que é comum a todo mundo é a vontade de viajar, nem que seja para passar uns dias na casa de algum amigo ou parente em uma cidade vizinha. Há os que adoram curtir as férias em cidades de praia, os que preferem as montanhas, há quem ame se refugiar num sítio ou numa fazenda, e outros que viajam rotineiramente por trabalho ou lazer para o exterior. E a maioria tende a levar mais itens do que os que realmente vai precisar naquela estadia. Será esse o seu caso?

A organização da mala ideal tem tudo a ver primeiro com planejamento e, depois, com organização.

Antes de separar o que vai levar, pense (e pesquise):
- Que clima estará fazendo lá no seu destino?
- Quanto tempo você vai ficar?
- Quais serão as suas atividades?

- Você vai praticar esportes? Precisará de mais de um tênis e algumas mudas de roupas esportivas?
- Haverá algum evento? Você precisa levar uma roupa especial para essa ocasião? Em caso positivo, não se esqueça de separar um par de sapatos sociais.
- Você vai frequentar a praia? Em caso positivo, precisará carregar itens de moda praia.
- Será uma viagem de trabalho? Em caso positivo, isso o obriga a levar roupas executivas. Sobrará tempo na programação para praticar esportes, ir à praia, a um bar ou participar de algum evento social? Por quantos dias você terá uma brecha? Havendo tempo disponível para o lazer, separe roupas e calçados só para esses momentos.

Anos atrás, fui a Paraty pela primeira vez. É uma linda cidade no litoral fluminense, com um centro histórico bem animado e cheio de lojas. Pesquisei sobre a cidade antes de viajar, e soube que toda a pavimentação das ruas desse centro histórico é feita de pedras antigas e desniveladas e que o ideal é caminhar por elas calçando tênis. Mas fiquei chocada ao ver muitas mulheres usando sapatos com salto alto e sofrendo para se locomover por aquelas ruas, o que não tem lógica. Soube no hotel que até mesmo chinelos não são recomendados para passear por ali, porque é grande a chance de torcer o pé.

Com isso, reforço a importância de pesquisar antes sobre o local para onde você estiver indo. Isso pode evitar problemas de não se sentir confortável no lugar.

A mala perfeita

Para montar a mala perfeita, é preciso ser racional e pensar na sua funcionalidade. Isso tem tudo a ver com organização. Aprendi com as consultoras de imagem Carol e Carlinha, que respondem pela empresa *Assinatura de Estilo*, que apenas com uma calça você consegue utilizar três blusas, variando os *looks*. Também aprendi com elas a desconstruir as combinações que uso sempre, criando novas composições. Essa nova forma de pensar ajuda muito a acertar na hora de fazer a mala, para poder usar tudo o que levamos.

- Bijuterias. Você não vai precisar de muitas, apenas algumas que combinem com tudo o que levar.
- Busque escolher roupas que combinem entre si (blusas, calças, saias e casaquinhos); isso facilitará na mudança de visual sem que você precise carregar muitas peças.
- Utilize todo o poder multifunção dos acessórios: uma echarpe confere *glamour* e colorido

a uma composição com peças básicas. E pode ser enrolada em torno do pescoço, ser usada solta de modo fluido ou ainda funcionar como uma bela faixa para os cabelos.

- Peças únicas como vestidos ou macacões otimizam espaço na mala.
- Priorize sempre roupas com tecidos que não amassem. Assim não dependerá do serviço de passadeira no hotel.
- Esfriou? Um casaquinho ou uma jaqueta funcionam como um coringa na mala e incrementam qualquer visual.
- E, por fim e muito importante, pergunte-se: que mal existe em repetir um ou dois modelos durante uma viagem?
- Uma organização mais racional vai evitar que você tenha que se locomover com malas enormes e totalmente desnecessárias, ou pagar por excesso de bagagem no aeroporto.

CAPÍTULO 21

DOCUMENTOS

Muitas pessoas guardam seus documentos sem nenhum critério, algumas vezes espalhados por diferentes lugares da casa, o que dificulta a procura quando é preciso encontrar algum deles. E é nesse momento que elas percebem que precisam melhorar no quesito organização.

É o caso da empresária Selma, que relato a seguir. Depois de me ver participando de um *reality* na televisão, ela me contratou exclusivamente para ajudar a organizar os seus documentos.

> Selma administrava vários negócios e ainda era responsável pelos cuidados da mãe idosa e doente que morava no mesmo bairro. Ela guardava toda a documentação das suas empresas, as da mãe e as suas próprias em um cômodo transformado em escritório em sua casa. E a necessidade surgiu quando, certo dia, ela não conseguiu encontrar o RG da sua mãe.

> Chegando a casa, a princípio fiquei muito assustada com a confusão, mas aos poucos fomos separando os assuntos e criando pastas, uma para cada tema. Nesse processo, jogamos fora vários documentos que não precisavam mais ser guardados, e no final ela acabou encontrando importantes papéis que julgava ter perdido.
>
> Tempos depois Selma me escreveu dizendo que a minha ajuda foi transformadora, porque desde então ficou mais fácil para ela cuidar dos negócios, das necessidades da mãe e da sua própria vida.

Quando o assunto é documentos, basta estipular alguns critérios e separar a papelada de acordo com eles. Um bom caminho é criar categorias (caixas) e dentro delas subcategorias (saquinhos plásticos), tudo identificado de forma bem clara para facilitar o acesso na hora em que precisar. Aqui alguns exemplos:

1. *Se não houver espaço, utilize uma caixa para todos os membros da família,* mas com saquinhos plásticos bem identificados, separando as coisas referentes a cada um.
2. *Uma caixa (ou pasta) para a pessoa que trabalha na sua casa* – separar cartas de re-

comendação, talões de pagamento do INSS (ou recibos emitidos *on-line* do E-Social), folha de pagamento, recibos, comprovantes de férias, atestados de saúde e tudo referente a ela e às antigas funcionárias. Esse tipo de documentação deve ser guardado por décadas.

3. ***Contas pagas e contas a pagar no mês.*** Isso depende de cada pessoa. Tem gente que prefere organizar na agenda os boletos e as contas para pagar no mês e, depois de quitados, os comprovantes vão sendo guardados numa pasta chamada Contas pagas. Outros preferem trabalhar com aquelas minipastinhas sanfonadas com uma bolsinha para cada dia do mês. Não importa como a pessoa se organiza para quitar os seus compromissos, o importante é que, uma vez feito o pagamento, o comprovante seja arquivado no lugar certo, tudo separado por sua função.

4. ***A documentação referente a imóveis*** ocupa bastante espaço, porque abrange certidões, matrículas, escritura, contrato de compra e venda (ou de aluguel), despesas com condomínio, recibos do pagamento do IPTU etc. Ela pode ser arquivada em pastas daquelas com elástico, uma para cada imóvel. E, se forem muitos imóveis, essas pastas podem todas ficar numa caixa maior, bem identificada.

5. *Sítio e casa de praia* também têm documentação que precisa ser guardada de forma eficiente e de fácil acesso, e separada dos documentos da casa onde você mora.
6. *Imposto de renda.* O contribuinte deve guardar uma cópia da declaração anual do tributo, bem como os comprovantes dos documentos utilizados para declarar o imposto de renda por cinco anos – contados a partir do ano seguinte ao ano-calendário da declaração. Tudo o que for anterior a cinco anos pode ser descartado sem perigo.
7. *Exames médicos também ocupam muito espaço.* Guarde apenas os mais recentes, porque o laboratório pode pedir que você leve um ou dois feitos anteriormente na hora de repeti-los, sobretudo exames de imagem como densitometria, mamografia, tomografia e ressonância magnética. É bobagem guardar resultados antigos de exames de rotina como sangue, papanicolau entre outros. Apenas os portadores de doenças graves, como câncer, precisam guardar indefinidamente tudo o que for referente à sua doença, desde o primeiro diagnóstico, a cirurgia, os tratamentos posteriores etc. O ideal é que tudo esteja junto de maneira bem identificada numa pasta, formando um dossiê. Assim, cada vez que a pes-

soa precisar se consultar com um novo médico, ela terá à mão tudo o que ele solicitar, com o histórico da sua doença.

8. *Crie uma caixa de lembranças* para guardar coisas referentes ao seu casamento, sua formatura e memórias dos primeiros anos de cada filho, como o teste positivo da gravidez, o primeiro ultrassom, o exame do pezinho ainda na maternidade, um exemplar da lembrancinha que distribuiu aos amigos, a primeira mechinha de cabelo, o primeiro dentinho que caiu, o primeiro caderno na escola etc. Eu tenho três filhos e faço questão de guardar todos esses itens da história de cada um. São lembranças boas, e isso nos faz bem.

9. *Junte fotos e álbuns em caixas bem identificadas* e protegidas da luz, pois com o tempo, as imagens podem ficar desbotadas. Se quiser colocar alguma em um porta-retrato, faça uma cópia xerox da cor da foto e mantenha a original bem guardada.

10. *Elimine tudo o que trouxer memórias ruins.* Tem gente que se apega tanto aos seus itens guardados que nem percebe que muita coisa traz à tona lembranças de períodos que não foram bons. Então, para que guardá-los?

Existem sites que explicam direitinho por quanto tempo cada tipo de documento deve ser guardado. Vou citar dois deles para consulta:

- https://arquivar.com.br/blog/tabela-de-temporalidade-documental/;
- http://d-espaco.com.br/2016/02/quais-documentos-guardar-e-por-quanto-tempo/.

Lembre-se: papel demais traz traças e mofo. Por isso, o melhor é guardar apenas documentos que sejam essenciais.

CONCLUSÃO
UMA NOVA VIDA

O modo de organização é como um CPF: cada um tem o seu. O que funciona para um pode não funcionar para outro. A forma de organização não vem numa cartilha ou num manual para ser seguido por todo mundo. Tudo tem a ver com espaço *versus* quantidade de itens que cada um possui, e funcionará de acordo com a rotina individual.

Estar disposto a organizar é como virar uma chave mental e passar a priorizar um bom convívio dentro de casa, melhorar a sensação de bem-estar, a harmonia, incrementar a produtividade no seu trabalho e uma série de coisas que demonstram a abertura para uma real mudança no modo de viver.

Toda vez que chego para organizar a casa de alguém, a sensação que tenho é de que a pessoa possui muito mais coisas do que o necessário. Mas entendo que cada um sabe quanto precisa, e, mesmo que para mim pareça uma quantidade exagerada, desde que ela tenha espaço para guardar tudo de forma eficiente, tudo bem.

Já estou tão imbuída do conceito de que só se deve guardar o que realmente tem utilidade que, invariavelmente, toda vez que concluo um novo trabalho, chego em casa e dou uma geral nos meus pertences, jogando no lixo o que não presta mais e doando o que não é mais necessário. O conceito de organização já está impregnado em mim.

Espero que você, com todo esse novo conhecimento e com os exercícios propostos aqui, se impregne também desse conceito e viva com mais espaço para construir novas e boas memórias em sua vida.

AGRADECIMENTOS

A construção da minha carreira só foi possível graças ao meu marido e à minha família, que me apoiaram em todos os momentos. Este livro vem para comemorar as nossas conquistas.

SUA OPINIÃO É MUITO IMPORTANTE
Mande um e-mail para **opiniao@vreditoras.com.br**
com o título deste livro no campo "Assunto".

1ª edição, ago. 2021
FONTE Druk 30/30pt;
       Domaine 10/17pt
PAPEL Holmen Book 60g/m²
IMPRESSÃO Geográfica
LOTE   GEO112783